Ma gratitude va vers mes ancêtres des cinq générations qui ont guidé mes pas sur la Grande Voie du bouddhisme et m'ont donné le goût et l'art de la peinture.

Tenzing Norbu Lama

Je salue mes frères des hautes terres du Dolpo, dont l'existence précaire et courageuse est un hymne à la vie, et leur dédie ce conte échappé de mes rêves.

Marie-Claire Gentric

དོལ་པོ་ལྷ་བྲིས་བསྟན་འཛིན་ནོར་བུའི་ལོ་རྒྱུས་མདོར་བསྡུས།

མིང་ལྷ་བྲིས་བསྟན་འཛིན་ནོར་བུ། ཕྱི་ལོ་༡༩༧༡ ལོར་པ་བླ་མ་ཀརྨ་བསྟན་འཛིན་དང་མ་གཡང་འཛོམས་གཉིས་ཀྱི་བུར་དོལ་པོ་སྙིང་ཀྱུ་གྲ་ལུང་དགོན་པར་སྐྱེས། ཆུང་དུའི་དུས་ནས་རི་མོ་འབྲི་རྒྱུ་ལ་དགའ་བོ་ཡོད། ༡༩༩༧ལ་དོལ་པོ་བ་འཕྲིན་ལས་ཀྱིས་དོལ་པོའི་ (Himalaya) རིག་གཞུང་གློག་བརྙན་འཁྲབ་སྟོན་སྐབས་རི་མོ་འབྲི་བ་པོ་ཡིན། དེང་དུས་དང་མཐུན་པའི་རི་མོ་སྣ་ཚོགས་འབྲི་བཞིན་ཡོད་ལུགས། སྔོན་བྱོན་ཆོས་རྗེ་མཁས་གྲུབ་རྣམ་གྲོལ་བཟང་པོ་ཞེས་བྱ་བ་བོད་དབུས་སུ་སློབ་གཉེར་མཐར་ཕྱིན་ཏེ། ཕྱིར་རང་ཡུལ་དུ་ཕེབས་ནས་གྲ་ལུང་མགོན་པ་འདི་ཕྱག་བཏབ་འདུག་སྟེ་སྔར་དགོན་པ་འདིའི་ནང་ལྷ་བཟོ་གྲགས་ཅན་སྤྱང་ལུང་པ་ཞེས་པ་ཞིག་བྱུང་སྟེ་ཁོང་གི་བུ་རྒྱུད་ནས་རི་མོ་བྲིས་རྒྱུན་འདི་ཁོང་གི་ཕ་བར་བྲིས་སློལ་རྒྱུད་འཛིན་བྱེད་མུས་སུ་ཡོད། ཁོ་བོ་ད་སྐབས་བལ་ཡུལ་རྒྱལ་ས་ཀཱ་ཋ་མན་གྲུ་ལ་སློབ་ཕྲུག་ཚོ་དང་ལྷན་དུ་རི་མོ་འབྲི་བཞིན་ཡོད། ལྷ་བྲིས་གཞན་ཀྱིས་བྲིས་མ་མྱོང་བའི་ཁྱད་བྲིས་ཅན། འདི་འདང་ལོ་ལྷར་སྤེལ་འགྲེམ་བྱེད་བཞིན་ཡོད་པ་དང་། ད་ལན་གཟིགས་དེབ་གསུམ་པ་དེ་སྔོན་སྔར་གཟིགས་འབུལ་ཞུ་རྒྱུ་དང་ལོ་གསར་བཀྲ་ཤིས་བདེ་ལེགས་བཅས། སྔོན་ལུགས་ཀྱི་བྲིས་རྒྱུན་འདི་ཡང་རྩ་འཛུགས་སྤེལ་འགྲེམ་དང་དགའ་སྤྲོའི་དང་གཟིགས་རྒྱུའི་རེ་འདུན་དང་། འགྲོ་རྣམས་དགའ་བདེ་དཔལ་ལ་སྤྱོད་པའི་སྨོན་འདུན་བཅས་ཁོང་གི་གཅེན་པོ་རྣམ་རྒྱལ་བླ་མིང་པས

༢༠༠༣ ཟླ་༡ ཚེས་༢ བཟང་པོར་བྲིས།

༄ གངས་ལྗོངས་མངའ་རིས་དོལ་པོའི་སྒྱུ་རྩལ་འདི།།
བརྩེ་སེམས་ལྡན་པའི་སྣ་ཚོགས་གཟུགས་ཀྱིས་བཀོད།།
དགེ་མཚན་ངོ་མཚར་ལྡན་པའི་ལེགས་བྲིས་དེས།།
ཕན་བདེ་དཔལ་གྱིས་ས་གསུམ་ཁྱབ་གྱུར་ཅིག།

Conception graphique : Géraldine Krasinski

Loi 49.956 du 16.07.1949
Dépôt légal : 2e trimestre 2003 – ISBN : 2-7459-0821-9
Imprimé en France par Pollina 85400 Luçon - n° L89234

TEXTE DE MARIE-CLAIRE GENTRIC
DESSINS DE TENZING NORBU LAMA

La Montagne de Cristal

ཤེལ་རི

MILAN
jeunesse

Il était une fois, au cœur de l'Himalaya, le royaume le plus petit de la terre… Il était situé très haut dans le massif rocheux et, chose étrange, n'était visible que les nuits de pleine lune. On pouvait alors voir la cime d'une montagne s'illuminer de l'intérieur et devenir translucide comme un gigantesque palais de verre, d'où irradiait une lumière enchanteresse. Les nomades des hauts plateaux du Dolpo vénéraient autant qu'ils redoutaient ce sommet qu'ils appelaient la Montagne de Cristal. La légende prétendait qu'un passage secret permettait d'accéder au cœur du royaume.

À la même époque, dans une haute vallée cachée, vivait, sous une tente brune en poil de yak, la famille du petit Kothan. Dès qu'il eut sept ans, il fut chargé de garder les yaks dans les pâturages d'altitude.

Il partait à l'aube avec son troupeau mugissant, et ne rentrait au campement qu'à la nuit tombée.
Dans sa besace, sa mère glissait deux grosses galettes de sarrasin jaune pour son déjeuner. Elle ne manquait jamais de le mettre en garde contre les loups et les léopards des neiges qui menaçaient les bêtes isolées. L'enfant hochait la tête en souriant et ne disait mot.
Puis commençait pour lui une longue journée d'errance à travers les monts solitaires. Mais Kothan ne se sentait jamais seul dans la montagne.

Un jour, c'était la troupe des moutons bleus qui lui rendait visite : les mâles avec leurs belles cornes retournées se tenaient fièrement à l'écart, mais les femelles et surtout les petits s'approchaient si près de Kothan qu'il pouvait effleurer leur museau humide du bout de ses doigts. Une autre fois, c'était le peuple des marmottes qui l'accueillait avec des sifflements joyeux, lui faisant fête, surtout quand il sortait ses galettes car il y avait toujours des miettes pour elles, et elles adoraient le sarrasin. L'aigle doré aussi était son compagnon de solitude. L'oiseau le suivait parfois des heures durant, tournoyant haut dans le ciel et l'appelant de son cri perçant : « Kreik ! »

Mais ce que le petit berger aimait par-dessus tout, c'étaient les visites de son ami le léopard des neiges. Il sentait à l'avance quand celui-ci allait venir. Avant même de l'apercevoir, Kothan savait qu'il s'approchait à pas de loup en se faufilant entre les roches grises et blanches de la couleur de son pelage.

Il ne devait surtout pas se retourner brusquement, ni l'appeler, ni le regarder dans les yeux s'il ne voulait pas le faire fuir. Après un long moment où l'enfant et l'animal s'écoutaient en silence, le félin s'approchait timidement du garçon.

Alors, d'une voix basse, Kothan lui murmurait des mots tendres jusqu'à ce que, apaisé, il se couchât près de lui. Le félin pouvait rester là des heures et il arriva même que l'enfant de l'homme et la bête sauvage s'endorment flanc contre flanc tandis que le troupeau de yaks s'égaillait sur les pentes herbeuses. Bien que sa vie fût rude, Kothan était heureux dans ses montagnes.

Or, un soir d'été, l'année de ses quinze ans, dans la forge de Karma, Namdak le guérisseur lui conta l'histoire de son peuple :

– Écoute bien, petit ! Pour la première fois je vais révéler le secret de la Montagne de Cristal.

« Il y a très, très longtemps, le Dolpo était gouverné par Mara la démone. Elle était cruelle et tourmentait les habitants. Si les hommes ne se pliaient pas à ses caprices, elle faisait tomber la grêle sur les champs d'orge pour ruiner la vallée. Il arriva même qu'elle fît basculer un rocher énorme dans la rivière Tarap pour la détourner de son cours, privant d'eau les villageois.

« Responsable de nombreux désastres, elle causa la mort de bien des membres de notre tribu.

« Le soir, elle aimait particulièrement terroriser les enfants qui rassemblaient les troupeaux dans les pâtures.
« Un jour arriva des Indes un grand sage qui entreprit de délivrer le pays du joug de la démone.
« L'homme la pourchassa à travers les montagnes et réussit à déjouer tous les maléfices que la sorcière jetait sur son chemin pour lui barrer la route. Il parvint à la faire reculer jusqu'aux frontières nord de la contrée, là où se dresse la Montagne de Cristal.

« Dans sa fuite, la démone s'empara de Dolma, une jeune bergère qui faisait paître son troupeau dans une ravine, puis disparut avec sa captive sur les flancs de la montagne mystérieuse.

« Cette nuit-là sous la tente, les nomades, terrorisés, entendirent des grondements sourds venir du ventre de la terre, tandis que les chiens, d'ordinaire si prompts à hurler au moindre bruit, se plaquaient sur le sol avec des grognements sourds.

« Depuis ce jour, petit, notre pays vit en paix sous la direction du vieux sage, mais il y a dans le cœur de tous les villageois une tristesse que rien ne peut guérir.

« Lorsque le grand glacier qui alimente le lac de turquoise fait entendre sa voix de cristal, les vieux disent que c'est la complainte de la jeune bergère qui appelle à la délivrance.

– Mais que faire ? demanda Kothan qui avait écouté le récit avec passion.
– Seul un garçon courageux pourrait la délivrer, la nuit de la septième lune. Mais attention, son cœur doit être pur, sinon il périrait dès son entrée dans le palais !

Le corps du jeune homme se mit à trembler comme pris d'une fièvre subite.
– Ce n'est pas tout, continua le chaman, la jeune fille est gardée par Nakpo, le démon des ténèbres, et celui qui aura franchi la porte secrète devra encore le vaincre avant d'emmener la prisonnière. Tous deux devront quitter le palais avant le coucher de la lune, sans quoi ils resteraient prisonniers de la pierre à jamais !
« Le risque est grand, mon garçon, mais celui qui libérera la captive délivrera aussi son peuple du dernier sortilège de la démone.

Cette nuit-là, Kothan ne put dormir… Dès qu'il fermait les yeux, le visage d'une très belle jeune fille lui apparaissait. Son beau regard triste semblait l'appeler. Ainsi passèrent des nuits et des nuits.

Le jour qui précéda la septième lune de l'année, Kothan fit des préparatifs sous la tente en poil de yak.
– Mère, demain à l'aube il vous faudra bénir votre fils aîné avec la noix de beurre !
– Où vas-tu si loin, mon enfant, que tu aies besoin d'une bénédiction ?
– Je ne puis vous le dire, Mère, et je ne sais si je reviendrai… Père, pourriez-vous me prêter votre épée d'argent ?
– Que veux-tu en faire, mon fils ? Je n'ai aucun ennemi et notre peuple n'est pas menacé.
– Je ne peux vous le dire, Père, mais elle pourrait me sauver la vie.

Au petit jour, la tête penchée en signe de respect, Kothan reçut, des mains de sa mère, la noix de beurre sur son front et, des mains de son père, l'épée d'argent dans son fourreau.
– Prends garde à toi, mon fils ! lui lança sa mère, qui ne put retenir ses larmes.
Après avoir confié ses yaks à son cousin Gyalzen, le jeune homme quitta le campement et disparut par le sentier du nord qui mène aux hauts cols du Tibet.

Namdak le suivit des yeux aussi longtemps qu'il put. Le garçon chemina toute la journée et ne s'arrêta qu'une fois arrivé au pied de la Montagne de Cristal.

Il s'abrita à l'intérieur d'une grotte
et, comme son cœur était tranquille,
il s'endormit d'un sommeil profond.
Lorsqu'il ouvrit les yeux, le crépuscule
descendait sur la terre mais la lune
était encore invisible. Vite, il lui fallait
se mettre en chemin et gravir la montagne
jusqu'à l'ouverture secrète pour être prêt
au moment où la lune se lèverait.
Le ciel était limpide et quelques étoiles
brillaient déjà.
Dès qu'il s'élança, il sentit une présence
derrière lui, mais il avait beau se retourner,
il ne voyait rien.
« Est-ce déjà le démon Nakpo qui me
traque ? » s'inquiéta le jeune homme.
Son cœur se mit à battre plus fort dans
sa poitrine. Il se dépêcha car il voyait le ciel
pâlir, comme si la lune voulait se lever.
Il lui fallait trouver l'entrée du royaume
avant qu'elle n'apparaisse.

Le sentier s'arrêta brusquement.
Une muraille de pierre lui barrait la route.
Impossible d'aller plus loin !
Il lança une brève supplique à son ami
le magicien : « Namdak, si tu m'entends,
viens-moi en aide ! La lune va se lever
et je n'ai pas trouvé le passage caché ! »
À peine achevait-il sa prière que
ses mains, qui tâtonnaient fébrilement
à la surface de la pierre, découvrirent
une faille invisible.
Il tenta de s'y glisser mais hésita :
l'ouverture était si étroite, il craignait
de se trouver prisonnier
s'il allait plus
avant.
Trop tard : le disque
immense de
la lune surgit
là-bas au bord
du plateau.

La roche autour de lui s'illumina peu à peu, se fit transparente puis devint cristal.
– Kothan ! Tu ne peux plus reculer, murmura une voix qui semblait être la sienne.
Il porta la main à sa ceinture : l'épée d'argent était toujours là. Il se glissa dans la fente du rocher et déboucha dans une petite salle vide. Elle semblait taillée dans la glace, d'ailleurs il faisait très froid.
– Kothan, tu ne sortiras pas vivant d'ici ! hurla une voix terrible qui résonna dans le palais de verre.
Cette fois il en était sûr, ce n'était pas la sienne. Il s'avança jusqu'au seuil d'une pièce immense éclairée par des lumières invisibles.
– Approche-toi ! dit la voix. Je veux connaître l'impudent qui ose me défier !
La main sur le manche de l'épée, il fit quelques pas dans la salle.

Ébloui tout d'abord, il ne distingua rien. Puis une vision horrible s'imposa à lui : campé sur des jambes courtes et arquées, un être monstrueux lui faisait face. Nakpo ! Son visage aux yeux exorbités ressemblait à celui des dieux courroucés peints sur les fresques du temple, mais en plus affreux. Il retenait d'une main cinq molosses grimaçants qui tiraient sur leurs chaînes, roulant des yeux terribles et aboyant sans voix. Kothan se sentit défaillir.

– Fils d'homme, qu'es-tu venu faire ici ? tonna le monstre.

– Libérer Dolma la bergère, bredouilla timidement le jeune homme.

Un rire cruel lui répondit.

– Jamais, tu m'entends, jamais tu ne pourras l'emmener ! Elle est mon otage et, grâce à elle, je peux étendre mon pouvoir sur le monde des hommes. Je ne te permettrai pas de la délivrer car, dès cet instant,

le sortilège de la démone serait rompu
et je devrais retourner à jamais dans
les entrailles de la terre. D'ailleurs,
tu n'en as plus pour longtemps,
jeune fou : je vais lâcher mes chiens
et tu vas être dévoré comme une vulgaire
dépouille de chèvre. Fais ta prière,
fils d'homme ! Ha, ha, ha !

Malgré sa bravoure, Kothan sentit son
corps chanceler. Il implora le ciel de lui
venir en aide. En effet, que pouvait son
épée contre les fauves du monstre ?
Il n'eut pas sitôt fini sa prière qu'il sentit
un souffle chaud lui caresser les reins.
Derrière lui, tranquillement assis,
se tenait son ami le léopard des neiges.

On aurait dit qu'il souriait.
Une chaleur intense gonfla la poitrine du jeune homme. Mais son soulagement fut de courte durée : le dieu des ténèbres détachait ses chiens pour les lancer contre lui.
Au ralenti comme dans un cauchemar, Kothan vit une masse noire grondante fondre sur lui. Tremblant de tous ses membres, il se plaqua contre la paroi glacée. Au moment où les gueules écumantes allaient le dépecer, le léopard se multiplia cent huit fois : en un éclair, les chiens furent cernés par les félins.
Ils s'arrêtèrent net, décontenancés, puis firent front contre leurs adversaires.

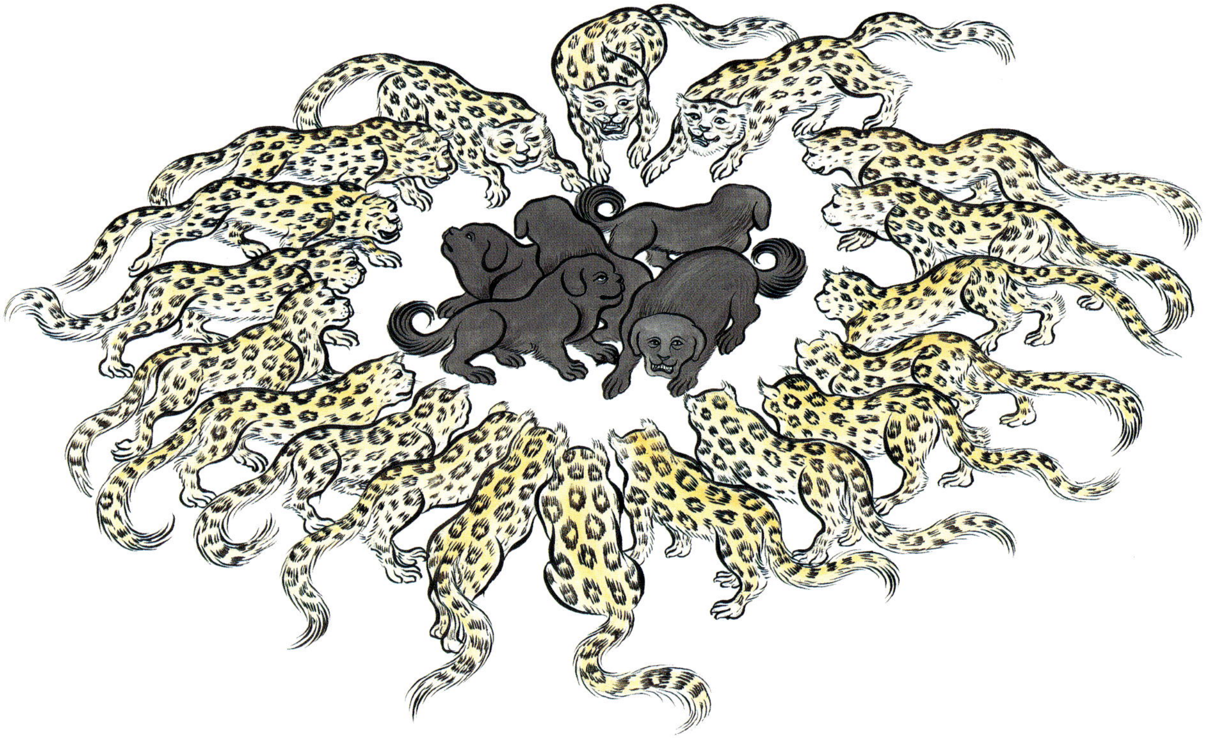

Le combat s'annonçait terrible car les molosses, bien qu'inférieurs en nombre, roulaient des muscles impressionnants sous le cuir luisant de bave de leur poitrail.
Kothan n'attendit pas son reste, il s'éclipsa à la recherche de la jeune prisonnière.
Il grimpa quatre à quatre l'escalier en colimaçon qui desservait les nombreux étages du palais, poussant toutes les portes sur son passage.
Mais personne ! Le palais semblait vide !

Tout à coup l'une d'entre elles s'ouvrit sur un gouffre béant qui semblait plonger jusqu'au tréfonds de la terre. Une fumée jaune pestilentielle s'en dégageait.
Avant même de réaliser ce qui lui arrivait, Kothan se retrouva suspendu par les mains aux poignées de la porte, ses jambes battant le vide terrifiant dessous lui.
D'un coup de reins puissant, il fit tourner la porte tout en projetant ses pieds vers le palier. Il retomba haletant sur le sol.

Il était passé tout près d'un plongeon fatal ! Les membres flageolants, il poursuivit sa recherche. Mais toujours sans succès ! Son inquiétude allait grandissant : et s'il ne trouvait pas Dolma… et si les fauves de Nakpo gagnaient la bataille dans la grande salle ? Il arrivait maintenant au sommet. Il ne restait plus qu'une porte, donnant sur un réduit. D'une main tremblante il la poussa. Elle était là, assise près de l'unique ouverture de la pièce ! Les lueurs de la lune inondaient ses cheveux. Son visage était d'une beauté irréelle, surtout son regard, qui paraissait étrange. Elle ne semblait pas étonnée, moins que Kothan qui, immobile, la dévisageait. Au bout d'un instant il se ressaisit, l'attrapa par la main et tenta de l'emmener mais, chaque fois qu'il l'attirait vers lui, la jeune fille était brutalement arrêtée, comme retenue par une chaîne invisible.

Un rire sardonique monta des profondeurs de la terre.

– Ha, ha, ha ! Kothan ! hurla la démone. La petite est attachée par un lien magique ! Tu ne pourras pas la délivrer et ta tribu restera sous mon emprise jusqu'à la fin des temps !

Kothan s'immobilisa et ferma les yeux. Il ne fallait pas se précipiter, il ne devait pas penser, juste attendre l'inspiration…

Oui ! Il fallait trancher le lien à l'aide de l'épée d'argent ! Il dégaina son arme, porta la lame à ses lèvres et commença à souffler doucement sur le métal, comme il avait vu faire Namdak. Il souffla et souffla encore jusqu'à ce qu'une lumière bleutée irradie de la lame. Puis il se mit à fendre l'air à grands coups d'épée, tout autour de Dolma qui n'avait pas bougé.

Dans son combat contre l'ennemi invisible, on aurait dit un maître de sabre montrant des passes d'armes à ses élèves.
Lorsqu'il porta un de ses coups, des entrailles de la terre monta un cri déchirant qui glaça le sang des deux jeunes gens.

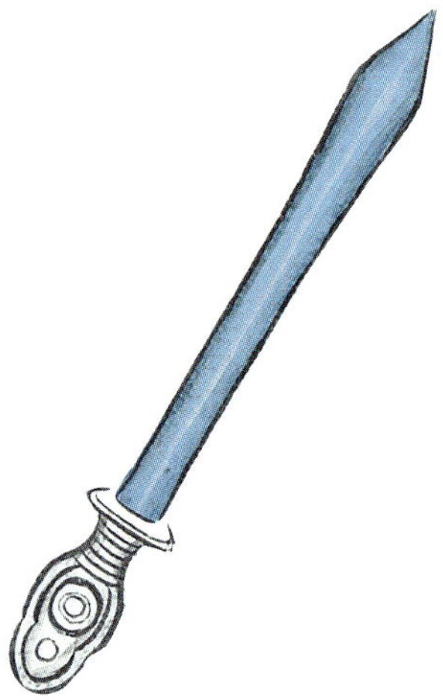

Plus de temps à perdre. Kothan entraîna la jeune fille dans l'escalier qu'ils dévalèrent au pas de course.
Dans la grande salle rien n'avait bougé.
Les cent huit léopards encerclaient toujours les molosses qui eurent un mouvement de rage à l'apparition des deux fuyards.

Le monstre, lui, semblait figé et sombre: on aurait dit que la vie le quittait. D'un regard morne, il suivit des yeux le couple qui se précipitait vers la sortie. Le plus grand des léopards se détacha du groupe et leur emboîta le pas. Comme à l'aller, Kothan se faufila avec difficulté dans la fente de pierre. La jeune fille et l'animal la franchirent avec aisance, comme s'ils n'étaient que des ombres.
Sous leurs pieds la terre tremblait et grondait...
Le disque plein de la lune était là face à eux, qui semblait leur sourire. Fou de joie, Kothan se retourna vers la jeune fille pour l'embrasser mais il s'arrêta net quand il s'aperçut que son visage n'exprimait rien: elle avait le même air lointain et le même léger sourire que là-haut.

– Qui es-tu, Dolma ? lança-t-il, interloqué.
La jeune fille souriait toujours mais ne dit mot. Aucun de ses cils, qu'elle avait très longs et délicatement recourbés, ne bougea. Son regard, limpide mais étrange, semblait le traverser.
Décontenancé, il se tourna vers le léopard, son ami. Ses yeux verts brillaient d'un éclat inhabituel : il avait le même regard lointain que la jeune fille. Celle-ci s'approcha de l'animal, s'assit sur son échine, puis la belle et la bête se mirent en route.
Médusé, Kothan les regarda s'éloigner.

Avant de contourner une dernière vire, le léopard s'immobilisa un instant.
Tous deux se retournèrent et lancèrent à Kothan un très long regard.
Ils souriaient toujours du même air mystérieux. Puis ils disparurent derrière les montagnes.
Kothan se retrouvait seul au milieu d'un désert rocheux, irréel et lunaire.
La joie l'avait brusquement quitté.
Il avait réussi à libérer Dolma des griffes de Nakpo et son peuple du sortilège de la démone. Il pouvait être fier.

Mais son cœur était douloureux : le beau visage qu'il avait vu en rêve, à peine l'avait-il approché, qu'il l'avait perdu !
Il s'assit sur une roche et sanglota longuement.
Puis il s'engagea sur le sentier qui descendait vers la vallée et marcha jusqu'au bout de la nuit.

Au moment où la lune glissa doucement derrière les sommets de l'ouest, Kothan se retourna vers la Montagne de Cristal.
La cime illuminée s'assombrit en quelques secondes, puis plus rien ne distingua l'étrange montagne des autres sommets environnants. Le royaume s'était endormi, peut-être à jamais !

Il lui fallut encore de nombreuses heures de marche avant d'atteindre le campement. Au dernier col à franchir, Namdak le guérisseur l'attendait. Il était rayonnant et l'accueillit à bras ouverts.

– Kothan, tout le monde connaît ton exploit ! Le peuple est enfin délivré de la malédiction de la démone. Cette action augmentera tes mérites pour ta vie future. Nous sommes tous fiers de toi, tu es notre héros ! Viens !

Kothan sourit tristement et le suivit. Les villageois montés du fond de la vallée pour l'acclamer lui firent fête.

La bière de bénédiction coula à flots. Personne ne devina le secret douloureux dans le cœur du jeune homme. On mit sa réserve sur le compte de la modestie.

À la fin de l'automne, le vieux sage qui avait gouverné avec tant de bonté mourut. Après la longue période des funérailles, le peuple se réunit pour lui désigner un successeur.
Malgré son jeune âge, le nom de Kothan fut lancé par la foule. Celui-ci remercia mais demanda un délai d'une lune avant de se prononcer.
Puis il se retira dans une grotte isolée et médita nuit et jour face à la Montagne de Cristal.
Enveloppé dans la couverture rayée tissée par sa mère, il bravait le froid mordant des hauteurs himalayennes.

Chaque nuit il observait la lune monter dans le ciel et chaque nuit il rêvait à son amour perdu. La fin de la période de retraite approchait et il ignorait toujours la réponse à donner à son peuple.
La dernière nuit avant qu'il ne redescende dans la vallée était une nuit de pleine lune. Comme d'habitude, Kothan était assis face à la Montagne de Cristal.
Une lumière laiteuse baignait le paysage tandis que l'astre de la nuit s'élevait au-dessus des cimes. Kothan tremblait dans sa couverture de laine, mais ce n'était pas de froid : il se rappelait une autre nuit.
Tout à coup, le feulement d'un léopard déchira l'air.
Kothan leva les yeux dans la direction de l'appel : là-haut sur la crête, se découpant en ombres chinoises sur le disque lunaire, se dressaient les silhouettes de quatre léopards, deux adultes et deux jeunes.

Celui qui devait être le mâle s'assit sur la roche tandis que la femelle se mit à descendre lentement la pente, suivie de ses petits qui faisaient des bonds désordonnés et patauds pour la rattraper. Ils venaient dans la direction du jeune homme. Immobile à l'entrée de la grotte, celui-ci retenait son souffle.

La femelle s'assit à quelques pas de lui. La nuit était si claire que Kothan pouvait distinguer le magnifique pelage tacheté de l'animal. Les yeux verts aux éclats dorés du félin plongèrent dans les siens. Kothan ne put dire combien de temps ils restèrent ainsi. Quand il revint à lui, le monde semblait inchangé : les petits jouaient paisiblement avec la queue de leur mère mais il s'aperçut que son regard était devenu plus pénétrant et que son cœur était rempli de douceur. Une lumière plus vive irradiait aussi des montagnes.

Avant de s'en retourner, la femelle s'approcha de lui et lui lécha la main, puis elle entraîna ses enfants dans une lente ascension jusqu'au rebord rocheux où se tenait toujours le mâle.

Un long feulement doux monta dans la nuit, puis les quatre ombres disparurent derrière la crête. Il sembla à Kothan que la lune avait brusquement pâli. Il savait qu'il ne les reverrait plus. Il ferma les yeux pour les saluer une dernière fois dans son cœur. Il se sentait en paix.

Au petit jour, il quitta la grotte pour rejoindre le peuple des nomades qui l'attendait.

Lorsqu'il annonça sa décision de devenir leur chef, il fut acclamé par la foule en liesse. Toute la nuit on chanta et on dansa au son du luth. On but plus que de raison de la bière de fête dans des bols en cuivre qui tintaient joyeusement.

Kothan gouverna avec beaucoup de sagesse et ne se maria jamais. Le peuple vécut heureux sous son règne.
Depuis ces temps bénis, les villages du Dolpo ne connurent plus de conflits. Les enfants l'aimaient tant qu'ils se chamaillaient en chemin pour lui donner la main. Tous l'appelèrent spontanément « *Apa* » (« Père »).

Pour protéger les animaux sauvages, la chasse fut interdite. Au bout de quelques années, les bêtes cessèrent de redouter les hommes. Il n'était pas rare de voir une meute de loups cheminer sur les hauteurs surplombant les villages. On vit même réapparaître le grand argali de l'Himalaya qu'on croyait disparu à jamais.

La Montagne de Cristal ne fit plus parler d'elle. Elle devint pour tous une montagne sacrée. Une fois par an les villageois en faisaient le tour en guise de pèlerinage, mais son sommet demeura interdit par les lamas. Kothan vieillit doucement, honoré des siens. Au lieu de s'affaiblir au fil des ans, ses forces allèrent croissant comme celles du torrent. On raconte qu'il disparut une nuit de pleine lune. Personne ne sut ce qu'il devint.

Depuis lors, par les nuits claires d'hiver, les nomades affirment apercevoir sur les landes enneigées, la course libre d'un grand léopard des neiges.

© Marion Dumoulin

Tenzing Norbu Lama est né en 1971 à Tingyu, un village du haut Dolpo situé à 4 100 m d'altitude dans l'Himalaya népalais.
Il a grandi au milieu des peintures de son père et de son grand-père. Dans sa famille en effet, on est peintre et lama depuis cinq générations et l'apprentissage du dessin commence dès le plus jeune âge.
Sous la direction de son père, il effectue à l'âge de douze ans, puis de dix-huit ans, une retraite de trois ans, trois mois, trois jours. À l'égal de ses semblables, son esprit est fortement imprégné de spiritualité.
Norbu partage sa vie aujourd'hui entre Katmandou, où il enseigne la peinture et réalise des toiles qui retracent la vie et l'histoire de son peuple, et son monastère du Dolpo, où il guide les siens sur le chemin de la sagesse.
Sa notoriété grandit en France et dans le monde : expositions, fresques, articles, documentaires, livres retracent son art original et novateur.
Un jour, Norbu retournera vivre définitivement parmi les siens au Dolpo.

© Marie-Claire Gentric

Marie-Claire Gentric est née en Bretagne en 1946. Après des études de lettres, elle devient consultante en communication.
Dès l'adolescence, elle parcourt le monde, sac au dos, à la recherche des territoires isolés et des peuplades les plus reculées.
Sa rencontre avec l'Himalaya et le peuple tibétain en 1987 est décisive dans sa vie. Il n'existe plus dès lors pour elle d'autre destination dans le monde. Après un séjour hivernal au Dolpo en 1992, elle fonde le projet « Action Dolpo » dont la première réalisation fut l'ouverture de Crystal Mountain School dans la vallée de la Tarap.
De longs séjours au Dolpo en osmose avec les habitants l'ont rendue familière de la langue, la culture, la vie semi-nomade et ont resserré le lien de cœur avec son peuple d'adoption.

Association Action Dolpo :
www.actiondolpo.com
Téléphone : 01 45 89 41 01

Quelques mots sur le Dolpo…

Adossé au Tibet dont il a la culture, le Dolpo abrite ses hautes vallées cachées au cœur d'un désert montagneux balayé par les vents. Cet ancien royaume himalayen du nord-ouest du Népal, apparu sur les cartes en 1956 seulement, serait un des endroits habités les plus hauts et les plus froids du monde.
Il y survit une population d'éleveurs de yaks et de chevaux. Semi-nomades, ils se transforment en agriculteurs l'été, pour faire pousser l'orge de leurs maigres repas.
Le traditionnel commerce du sel et du grain avec le Tibet, et ses pittoresques caravanes de yaks, permet la subsistance précaire d'êtres humains sur ces terres inhospitalières.
Du fait de son isolement géographique, le Dolpo a préservé au fil des siècles un mode de vie unique et original : il est considéré aujourd'hui comme la dernière enclave de pure culture tibétaine au monde.
Leur vie austère, profondément imprégnée de bouddhisme, a donné aux Dolpopas une force de caractère rare, une joie de vivre et une tranquillité d'âme que tout voyageur leur reconnaît.
Dans une nature grandiose encore inaltérée, le Dolpo abrite des espèces animales et végétales rares et précieuses. Sans une attention particulière du reste du monde, ce sanctuaire de la vie sauvage risque de connaître le sort prédit par Peter Matthiessen :
« Un jour les hommes se lasseront de tirer une si maigre subsistance de ces hauts plateaux glacés et les derniers vestiges de l'ancienne culture tibétaine disparaîtront au milieu des pierres et des ruines. »

དོལ་པོ།

Le Dolpo